Les quinze Effufions du fang de noftre Sauueur & Redempteur Jefus Chrift, en la fin defquelles font adiouftez les douze vendredis blancs.

A Paris.

Chez Pierre Cozbault Libraire fur le pont noftre Dame, a lenfeigne du Dauphin.

M. V. C. LV.

Les quinze effusions.

Uiconque dira ces ozaisõs qui sensuyuent, auec quinze Pater noster, ⁊ quinze Aue Maria, en lhonneur de la passion de nostre Redempteur ⁊ Sauueur Jesus Christ, par grande deuotion de coeur vn an durãt ⁊ principallement les vendredis, il deliurera quinze ames hors de purgatoire : ⁊ cõuertira quinze pecheurs de leurs pechez, quinze personnes de son lignage seront establis ⁊ cõfirmez en bonne vie, ⁊ auec ce il acquerra pleine cognoissance de ses pechez.

Item nostre Seigneur sapparoistra a celuy ou a celle qui les dira quinze iours deuant sa mort ⁊ mettra le signe de la croix deuant tous ses pechez, a lencontre de tous ses enneinis.

Ité aussi viendza nostre Seigneur

Jeſus chriſt auec la treſdigne mere
pour receuoir lame dicelle perſõne,
& la porter en la ioye perpetuelle.

Item combien que vne perſõne
eult veſcu trente ans en peche mortel : ſil dit ces oraiſons le long de vn
an auec repentance de ſes pechez,
Dieu luy pardonnera tous & le
preſeruera de mort eternelle. Et ou-
trece quil priera plus a Dieu, ſera
exauce. Auſſi Dieu le confortera
en toutes ſes œuures vertueuſes cõme ſil auoit veſcu tous les iours de
ſa vie ſelon la volonte de Jeſus-
Chriſt. Et ſil deuoit mourir de mal
Dieu luy dõnera la grace de viure
iuſques au bout de lan. & doit eſtre
aſſeure quil poſſedera ſecours des
Anges. Et que icelles oraiſons a
vn autre apprendra ſon loyer ne ſera iamais oublie. Outre ou on lira
les oraiſon Dieu y ſera preſent &
preſeruera le perſonnage qui les

Les quinze effusions.

dira, de to9 ses ennemis. Et qui les
dira tous les iours singulierement
les vendredis auec bonne deuotion
de coeur, τ amere repentance de ses
pechez, gagnera quatorze cens ans
de pardon τ sept quarantaines.
Pour cecy, mes tres cher amis lo-
nez τ remerciez nostre Sauueur Jesus Christ de sa grande grace τ mi-
sericorde que vous pouuez acquerir
en disant deuotement ces oraisons
tous les iours / ou du moins vne
fois la sepmaine, τ singulierement
les vendredis en bonne intention
τ de bon coeur, auec compassion a
lhonneur de la passion τ des peines
de nostre Seigneur Jesus Christ,
τ de sa douloureuse mort quil a souf
fert pour la salutatiõ d/ tout le gen
re humain. Et ainsi chacun bõ chre-
stien τ chrestienne, qui diront ces
oraisons que icy apres sensuyuent
par grande deuotion τ repentance

de leurs pechez , en lhonneur des
quinze effusions du sang que nostre Sauueur et Redempteur Jesus Christ respandit auant sa mozt.
Et faut dire deuotement a chacune
fin doraison vn Pater noster, et A-
ue Maria, en ayant memoire et cõ-
passion de sa douloureuse passion,
et pareillement aussi en ayant memoire des autres douleurs que sa
tresglorieuse mere receut pour son
amere mozt et passion. Lequel par
sa diuine misericozde nous vueille
donner grace de en faire la saluatiõ
ne noz ames. Amen.

La premiere effusion
de sang.

Ie vous loue & re-mercie mô benoist Re-depteur Ie-sus Christ que vous respandistes voltre tres-precieulx sãg, en voltre tendre ieu-nesse apres voltre natiuite quand vo⁹ fustes circõcis selõ la loy pour lamour de moy. O mon Dieu mon seigneur, Ostez moi tout ce qui me nuyt, a lame et au corps, & me pardonnez tous mes pechez que ie nay point confessez, & desquels ie nay point eu repãtance au temps de ma ieuneffe.

Et vous prie auffi mon tres doux Dieu & mon trescher seigneur que vueillez laiffer descendre voftre tref precieulx sãg fur toutes les ames de mes parens & amis & auffi fur tou-tes les ames qui sont au feu de pur-

de noſtre Seigneur.
gatoire, en allegeant toutes leurs
debtes. Et vueillez nous donner a
tous enſemble le repos perdurable
Amen. Pater noſter. Aue Maria.

La deuxieſme effuſion
de ſang,

Ie vous remercie
mon benoiſt ſau-
ueur z redempteur
Jeſus Chriſt que
vous reſpandiſtes
voſtre precieux
ſang, quand vous
eſtiez au iardin do-
liuet, en ſuant ſang
z eaue, tellement que il degouttoit
de voſtre precieux corps deſſus la
terre. Jevous ſupplie mõ ſeigneur
que il vous plaiſe oſter de moy toute iniquite, me donner deuotion, z
cõfort en toute tribulatiõs Et exau-
cez mon oratiõ pour lamour de vo-

Les quinze effusions.

ſtre ſaincte mere, ⁊ ie vous prie que
vueillez laiſſer deſcendʒe voſtre
treſpʒecieux ſãg ſur toutes les ames
de mes parens ⁊ amis, ⁊ auſſi ſur
tous les fideles qui ſont au feu de
purgatoire , en allegeant toutes
leurs peines. Et vueillez nous donner a tous enſemble le repos perdu
rable. Amen. Pater noſter Aue.

La tierce effuſion de ſang.

Ie vous re-
mercie mon
benoiſt ſau-
ueur ⁊ Re-
dempteur
Jeſus chriſt
que vo⁹ reſ-
pandiſtes voſtre treſpʒecieux ſang,
quand les felons Juifs vous cer-
cherent, en grand ire vo⁹ pʒindʒſt
⁊ tirerent les cheueux hoʒs de voſtre benoiſt chef, ⁊ la barbe de voſtre mento , tellement que voſtre

de noſtre Seigneur.

precieux ſang couloit aual voſtre
bonne face & bouche. Ie vous prie
mõ Seigneur Dieu, par la grãde
douleur que vous ſouffriſtes, que
me bueillez pardonner tous mes
pechez. Auſſi ie vous prie treſhum=
blement que vous bueillez laiſſer
deſcendre voſtre precieux ſang ſur
toutes les ames de mes parens &
amis, & ſur celles de mon prochain
lignage qui ſont au feu de purga=
toire, en remettant toutes leurs
debtes / & bueillez nous donner a
tous enſemble le repos perdurable.
Amen. Pater noſter. Aue Maria

La quatrieſme effuſion
de ſang.

Ie bous re-
mercie mon
benoist Re-
dempteur
Jes⁹ Christ
que bous re-
pandistes bostre precieux sãg, quãd
les felons Juiss bous lierent tout
nud a vne colonne, z bous batirent
z detrenchirent bostre douce chair
a grans coups de verges, z fouets
z escourgees: tant que bostre precieux sang, couloit z degoutoit de
tous boz menbres. Je bous prie
mon seigneur Dieu, par la grand
douleur que bous souffristes, que
me bueillez garder z deliurer mon
ame des liens perpetuelz denfer, z
de tous mes ennemis bisibles z in-
uisibles, quilz ne puissent iamais
auoir puissance sur moy. Et aussi
ie bous prie treshumblement
que bueillez laisser descendre bostre

de noftre feigneur.
precieux fang fur toutes les ames
de mes parens et fur celles de mon
prochain lignage qui font au feu
de purgatoire, + en remettant toutes leurs debtes. Et nous bueillez
donner a tous enfemble le repos
perdurable. Amen. Pater noster.
Aue Maria.

La cinquiefme effufion
de fang.

Ie bous re
mercie mon
benoift fau
ueur+redé
pteur Jefu
Chrift que
vous refpadiftes voftre tres precieux fang, quand les felons Juifs
bo9 battirent+flagellerent de verges voftre treffainct + precieux
corps, tellemét que il ny auoit rien
dentier fur vo9 depuis la pláte des

Les quinze effusions

pieds iusques au sommet de la teste
Et puis apres Pilate vous vint
monstrer aux Iuifs en disant, voi-
cy lhomme : Ie vous prie mõ Seigneur Dieu, par icelle douleur en
lhonneur de toutes vos playes que
me pardonnez tous mes pechez que
iay commis de mon vicieux corps,
& vueillez passer ceste peine pour
tous mes pechez. Et ne laissez iamais descendre mon ame en peine
perpetuelle. Et vueillez auoir memoire des ames de tous mes parês
& amis, & aussi de to⁹ ceux qui sont
en purgatoire. Amen. Pater noster. Aue Maria.

La sixiesme effusion
de sang.

Ie bous re-
mercie mon
benoiſt Re-
dempteur
Jeſus chriſt
que bous re-
ſpandiſtes boſtre precieur ſang,
quand les felons Juifs mireut deſſus boſtre benoiſt chef bne couróne
deſpine, ⁊ frapperent deſſus de ba-
ſtons, tant que les branches deſpi-
nes paſſerẽt le ſómet de boſtre teſte
⁊ entrerent en boſtre cerueau ſi par
fondement, que boſtre treſprecieur
ſang couloit aual boſtre benoiſte fa
ce : bous cracherent au biſage, ⁊
bous meurtrirent de telle ſozte que
ſembliez pluſtoſt eſtre meſeau que
homme ſain. Je bous pzie mõ Seigneur Dieu par icelles hozribles af
flictions, bituperes, ⁊ grand douleur que bous ſouffriſtes que me
bueillez pardõner to⁹ mes pechez.

Les quinze effusions.

Aussi ie bous prie treshumblement que bueillez laisser descēdre bostre trespzecieux sang sur toutes les ames de mes parens τ amis, τ sur celles de mon prochain lignage: qui sont au feu de purgatoire, en remunerant toutes leurs debtes τ bueillez donner a tous ensemble le repos perdurable. Amen. pater noster. Aue Maria,

La septiesme effusion de sang.

Ie bous remercie mon benoist Sauueur τ Redēpteur Jesus Christ, que bous respandistes bostre precieux sang, quand il bous fallut aller pour receuoir la mozt, τ mesme pozter la croix sur bostre benoist cozps tout

de noſtre Seigneur.
froiſſe, naure ⁊ plein de playes , la=
quelle eſtoit ſi grande ⁊ ſi peſante
quelle vous faiſoit quaſi baiſer la
terre. Voſtre benoiſt cozps trem=
bloit de peine ⁊ de trauail, ⁊ voſtre
chair eſtoit attachee a la croix / ⁊
vous eſtiez tire auant de vne groſ=
ſe cozde pour vous faire pozter ce
peſant faix. O mon Dieu par icelle
douleur ⁊ peine donnez moy grace
quen ce monde ie puiſſe tellemēt
pozter voſtre croix que ie ne ſoyē
iamais ſeparee de vous, ⁊ vous
plaiſe nous donner a tous le repos
perdurable, Amen. Pater noſter.
Aue Maria.

La huictieſme effuſion.
de ſang.

Ie vous remercie mon benoist sauueur et Redempteur Jesus christ que vous respandistes vostre precieux sãg, lors que les felons Juifs vous eurent mene la ou ilz bouloient vous mettre a mort. Et vous despouillerent de vostre robbe, laquelle tenoit si fort a vostre benoist corps, que derechef voꝰ souffristes nouuelle peine tant que le sang couloit dessus la terre en tresgrande abondance. Je vous prie mõseigneur Dieu par icelle grande peine et douleur que souffristes alors ꝗ me pardõniez toꝰ les pechez que iay fais a lencontre de vous et de mon prochain, par mes pompes, vanitez, et habillements dissolus. Et ne me laissez pas estre

de noftre feigneur,
vñd au iour du iugement deuant
vo⁹, Et ie vo⁹ prie pour les ames
de mes parens ꝫ amis trefpaffez.
Afin que nous puiffions tous enfemble apparoir deuant vo⁹ a noftre falut, ꝫ receuoir la ioye perdurable. Amen. Pater nofter. Aue.
La neufiefme effufion
de fang.

O mon be
noift Redẽ
pteur ꝫ fau
ueur Je-
fus Chrift.
Je vo⁹ re-
mercie que vo⁹ refpãdiftes voftre
precieux fãg quãd voftre treffainc-
te main dextre fut clouee en larbre de la croix dun clou de fer. Je
bous prie mon feigneur Dieu, par
la grande peine ꝫ douleur que vo⁹
fouffrites, quand ilz frapperent
tant de fois le gros clou dun
B

marteau, tant que voftre precieur
fang couloit toutaual, que me
bueillez pardõner tous les pechez
que iay commis de mes mains: τ
ne me laiſſez iamais aller criſte deuant bous. τ ie bous prie pour
les ames fidelles, quils puiſſent
honorablement aparoir en la ioie
perdurable. Amen. Pater. Aue.

La dixiefme effuſion de fang.

Ie bous re
mertie mon
benoiſt ſau-
ueur τ Re-
dempteur
Jeſus Ch.
que bous reſpandiſtes boſtre tres-
precieur fang, quand les felons
Juifs boulurent clouer a la croix
boſtre benoiſte main feneſtre. A-
donc lierent boſtre benoiſt corps,
τ lalongerent, tellement que toutes beines τ nerfs rompirent: τ a-

done clouerent voſtre main ſeneſ
tre à la croix. Ce clou eſtoit grand
z gros : z vous feit ſi grand peine
que le ſang en yſſit en grand abõ
dance. Je vous prie mõ Dieu par
icelle peine, que me vueillez pardõ
ner tous mes pechez que l'ay faits
z commis de mes mains z de mon
vicieux corps tant en faicts que en
dicts. Et ie vous prie auſſi mon
treſcher Seigneur z Sauueur hũ
blement que vueillez laiſſer deſcẽ
dre voſtre precieux ſang ſur toutes
les ames de mes parens z amis, z
ſur celles de mon prochain ligna
ge : qui ſont au feu de purgatoire,
en remunerant toutes leurs deb
tes. Et vueillez nous donner à toꝰ
enſemble, le repos perdurable. A
men. Pater noſter. Aue Maria.

La vnzieſme effuſion
de ſang.

Ie bo9 re
mercie mõ
benoistRe
dempteur
iel9 Christ
que vous
respandistes bostre precieux sang
quãd les iuifs par mauuaistie fra-
perent dedans bostre pied dextre
bn gros clou en vo9 faisant grãd
mal. Je vous prie mõ Dieu, mon
seigñr par icelle grãde peine ⁊ dou
leur que me pardõnez to9 mes pechez que iay cõmis contre bostre
saincte bolonte, ⁊ cõtre mon prochain, tant de mes pieds ῷ autrement, manifestement ou occulte-
ment. Et maidez ῷ ie ne puisse che
miner de mes pieds en dieu que ce
soit cõtre bostre boldte. Et par la
bertu du precieux sang ῷ aloꝛs respandistes quil bous plaise mestꝛe
en ay de, secours ⁊ confoꝛt aloꝛs ῷ

de nostre seigneur.
mon ame partira de ce mõde:aussi
mon seigñr Dieu,ie vo⁹ prie pour
les ames de mes parens z amis, z
pour toutes les ames des Chrestiens z Chrestiennes quilvo⁹ plaise
auoir mercy de nous,Amen. Pat.
La douziesme effusion de sang.

Ie vo⁹ re-
mercie mõ
benoist sau
ueur z Re-
dempteur
Jesus Ch.
que vous respandistes vostre precieux sang,quand les felõs Juifs
boulurent clouer vostre pied se-
nestre dessus le pied destre , car a-
donc vous attacherent par si
grande felonnie , que le sang couloit de tous costez , z lierent si fort
si rudement que vous fustes par
dedans vostre corps rompu z des-
chire. Je vo⁹ prie que vueillez tirer
B iij

a bous les pieds de mon ame, afin
que iaye enttere beue de boſtre benoiſte face eternellement ſans fin.
Et ie bous prie pour moy ⁊ mes
amis, que me bueillez conceder ⁊ a
nous tous la ioye ſans fin , ⁊ le repos perpetuel Amen Pater noſt.
La treiſieſme effuſion de ſang.

Je bo⁹ re-
mercie mõ
benoiſt
ſauueur ⁊
Redem-
pteur Jeſ⁹
chriſt que bous repãdiſtes bre ſãg
qd les felõs iuifs plãterent ⁊ dreſ-
ferent boſtre croix debout. bous y
eſtant attache ⁊ cloue. Las boſtre
precieux corps y eut bn angoiſ-
feur choc, car toutes bos playes
recõmencerent a ſeigner plus que
deuant, ⁊ perſonne nauoit pitie de
bous ſinõ boſtre douloureuſe me-

re/τ ſ. Jean Leuangeliſte,τ autres
vos amis τ amies. Et vous eſtiez
ainſi eſtendu plorans τ gemiſſant
τ priant voſtre pere pour ceux qui
vo⁹ crucifioient τ ſi les obſtinez
τ cruels tyrans ſen mocquerent τ
parlerent rudes paroles en ce moc
quans de vous. Uous eſtiez perdu
τ eſtedu en larbre de la croix cõme
la corde ſur larbaleſte. Uous don=
naſtes voſtre benoiſte mere a vře
diſciple ſ. Jean Euangeliſte,τ au
bon larrõ voſtre paradis. Uoſtre
peine τ douleur eſtoit treſgriefue.
Neantmoins vous leur pardõna
ſtes τ priaſtes vře pere pour eux.
Et vous cognoiſſant en eſprit que
voſtre precieux ſang ſeroit perdu
pour aucunes gens,adõc vo⁹ plo=
raſtes abondamment par bõne a=
mour. Je vous prie mon ſeigneur
Dieu quil vous plaiſe,que ceſte re=
proche miſerable ne tõbe ſur moy

B iiij

Les quinze effusions

mais que ie puisse voir vne digne
face a tousioursmais. Et ie vous
prie mon trescher seignr vueillez
laisser descendre vostre trespreci-
eux sang, sur toutes les ames de
mes parens & amis, & aussi sur tou
tes ames qui sont au feu de purga
toire en allegeant toutes leurs det
tes. Et vueillez nous donner a tos
ensemble le repos perdurable, A-
men. Pater noster. Aue Maria.

La xiiij. effusion de sang.

Ie vous
remercie
mon benoist
sauueur &
Redem-
pteur Ies9
Christ que vous respandistes vostre precieux sang, quãd vostre benoist coeur se fédit en vostre corps
de tresgrãd douleur : & vo9 feistes

voſtre teſtament, ⁊ recōmandaſtes
voſtre ame es mains de voſtre pere eternel. Uo⁹ eſtiez priue detous
vos mēbzes, ſinō de la langue de la
quelle vous prialtes pour les pau-
ure pecheurs, Et puis en grād cla
meur ⁊ pleurs, vo⁹ criates a haute
voix. Tout eſt cōſūme. Ceſt a dire,
deuote creature humaine: tout le
deſir q̃ iay eu de te deliurer ce deſir
eſt tout accōply. Je vous prie mō
ſeigneur que voſtre paſſiō doulou
reuſe⁊ mozt innocente me ſoit per-
due en moy qui ſuis vn baiſſeau
plein de vices ⁊ pechez ⁊ bueillez
auoir mercy, de mon ame en la fin
de mes iours. Par la douloureuſe
peine: ⁊ pzecieuſe effuſion de ſang,
que vous auez reſpandu pour to⁹
vos ſeruans ⁊ ſeruātes plaiſe vo⁹
leur donner pardon de tous leurs
pechez,⁊ auſſi atous mesennemis
de ce monde, quil vous plaiſe les

Les quinze effusions.

amender & leur pardonner leurs
pechez. O mon Dieu , par icelles
douleurs , ie vo' prie oster de moy
tout mal, & menfermie en vos cinq
playes, & receuez mon ame a lheu=
re de ma mort. Et ie vo' requiers
aussi mon trescher seigneur , que
vueillez laisser descendre vostre
precieux sang, sur toutes les ames
de mes parens & amis & sur toutes
ames fidelles qui sont au feu de
purgatoire, en remuneration de
toutes leurs debtes. Et vueillez
nous donner a tous ensemble le
repos perdurable. Amen. Pater
noster. Aue Maria.

La quinziesme effusion
de sang.

Ie bo⁹ re-
mercie mō
benoist
Sauueur
⁊ Redēpt.
Jesus Ch.
que vous respandistes vostre precieux sang, qāud le chevalier Lō-
gis persa vostre benoist coste dune
lance tellement que sang ⁊ eaue en
issit tresabondammēt. Vostre benoiste mere Marie receut, du sang
en ses habillement: tellement quil
sembloit quelle eust estē arrousee
de sang. O mon seigneur Dieu es-
poir de tout le mōde, createur des
creatures, qui par grand amour
auez voulu souffrir icelle douloureuse mort si honteuse: puis vous
laisser descendre de la croix tout
mort par les mains de vos bōs a-
ainis⁊aussivo⁹ rēdre entre les bꝛas
de vostre douloureuse et triste me-

re mozt estédu ⁊ naure dinumerables plays tant que en vostre pzecieux cors nestoit demeure vne seule goute de sang, qui ne fust respandu pour nous deliurer, de la mozt eternel, ⁊ des peines défer. O mõ Dieu ie bous remercie de tout mõ cœur, boʒ pziant me pardõner toʒ mes pechez , ⁊ que a lheure pzecedente de mon trespas ie puis receuoir bostre pzecieux cozps en bne biande spirituelle cõtre la fai eternelle:⁊ bostre pzecieux sang en bn bzeuuage cõtre la soif eternelle de mõ ame:en ce ꝗ est la coustume des Chzestiens. O mõ benin createur bostre bie aïsi cõsumee, fuste apzes mis ainsimozt dedans le sepulchze par les mais de bos secrets amis , Par icelles douleurs , ie bous pzie ostez moi de tout mal ⁊ mãfermez en boz b.playes:⁊ receuez mõ ame a lheure de ma mozt, O mõ seigñr

Jeſus Chriſt fils du Pere eternel:
bueillez moy aider que ie ne puiſ=
ſe empeſcher ma penſee z ma vo=
lonte a autre que a bous. Et oul=
tre ie bous prie par toutes peines
amertumeszdouloureuſe paſſion
z effuſion de boſtre precieux ſang
que bous auez reſpandu pour le
genre humain que bueillez auoir
pitie z compaſſió par boſtre grãd
amour de ma panure ame, en me
donnant boſtre ſainct Paradis a=
pres ma mort de ce mortel mõde.
Et pareillement de tous mes pa=
rens z amis z de toutes ames qui
ſõt au feu de purgatoire, afin que
tous enſemble no⁹ puiſſiõs louer
z remercier eternellement ſans fin
Amen. Pater noſter. Aue Maria.
Senſuyuẽt les xij. Uendr. blãcs.

Chacun Uendredy que bous
ieuſnerez, donnez trois au=
moſnes de pai a trois panures: en

lhonneur de la Trinite, ⁊ dites les
Pater no. ⁊ Aue Maria: que vous
trouuerez par escrit, ⁊ fault faire
dire vne messe du sainct Esprit au
bout de lan que les aurez ieusnez.
Le premier vendredi est au quatre
têps de Karesine, ⁊ faut dire trois
Pater noster. ⁊ trois Aue Maria,
en lhonneur de la Trinite.
Le ij. vendredy, est deuât n̄. dame
de Mars, ⁊ faut dire vij. Pater no.
⁊ vij. Aue Maria en lhonneur des
sept noms de nostre Seigneur.
Le iij. est le grand vendredy aore,
⁊ faut dire lx. Pater noster, ⁊ autât
de Aue Maria, en lhonneur des lx
espines de la saincte couronne.
Le iiij. vendredy est deuant lascê-
tion, faut dire xl. Pater no. ⁊ autant de Aue Maria en lhonneur
des quarante iours quil fut sur
terre depuis la resurrection.
Le v. vendredy est deuât la Pente-

coste, ⁊ faut dire xl. Pater noster. ⁊ autāt de Aue Maria, en lhonneur de nostre Seigneur Jesus Christ, quand il enlumina les Apostres.
Le vj. vendredy est au iiij. temps des feries de Pentecoste:⁊ faut diri xij. Pater ñ.⁊autāt de Aue Maria,en lhonneur des xij. Apostres
Le vij vendredy est deuāt la sainct Jean Baptiste,⁊faut dire xxx.Pater noster,⁊autant de Aue Maria en lhōneur des trente deniers que nostre seigneur fut vendu.
Le viij. vendredy est deuāt la saict Pierre⁊.S.Paul: ⁊ faut dire xxx. Pater noster,⁊autāt de Aue Maria.en lhonneur des xxx. ans que nostre seigneur auoit quand saint Jean Babtiste le baptiza.
Le ix. vendredy est deuā la nostre Dame de la my Aoust,⁊ faut dire v.Pater no.⁊autant de Aue Ma. en lhōneur des cinq playes de no=

ſtre ſeigneur.

Le x. Vendredy eſt au iiij. temps de Septembre, τ fault dire trois fois pater noſter, τ autant de Aue Maria, en lhonneur des trois cloux de noſtre ſeigneur dont il fut cloue en larbre de la croix.

Le xi. Vendredy eſt deuãt la Touſſainctsτfault dire cinq Pater noſter τ autant de Aue Maria en lhonneur des cinq fois quil ſapparut le iour de Paſques.

Le xii. Vendredy eſt au iiij. temps de Noel, τ fault dire quinze Pater noſter, τ autant de Aue Maria: en lhonneur des quinze horribles ſignes que Dieu enuoira deuant le iugement. Dieu nous doint bon iugement a ce iour.

FIN.

La vie de madame saincte Marguerite vierge et martyre, avec son antienne et oraison

La vie de madame saincte Marguerite vierge ⁊ martyre, auec so[n]
antienne ⁊ oraison.

Apres la
Saincte
passion de Jes[us]
Christ, ⁊ lascensio[n]
Et quil fut es
Cieux monte,
plusieurs furēt
de grand bonte
De meurs ⁊ de
religio[n]. Lesquels apres la predica-
tion des Apostres ⁊ des martyrs/
prindrēt la foy de Jesu=christ, des
vieux des ieunes ⁊ denfans, Depuis les petis iusqes aux grās, des
dames aussi des pucelles, Qui e-
stoieut de Jesus ancelles, entre les-
qlles vne auoit, que Marguerite
on appelloit, laquelle de dieu inspi-
ree, si voulut estre baptisee ⁊ lais-
sa la loi sarrasine, secretemēt prit
la diuine sans le reueler a son pere

A ses amis ne a sa mere:
Et dès lors print tout son plaisir
A Dieu honorer ¶ seruir
Et tout premier promis luy a
Que iamais ne se marira
Mais virginite garderoit.

    D'Antioche natiue estoit
Fille de Theodosien
Un patriarche payen.
Et Sarazine estoit sa mere
Qui moult laimoit ¶ tenoit chere
Son pere pas sil ne laimoit
Mais a merueilles la hayoit.
Gente estoit de corps ¶ de visage
Uertueuse honneste ¶ sage,
Sesdits parens peu luy durerent
Tous deux en vn temps trespasserent
Jeune demeura orpheline.
De sa nourrice fit sa machine
Qui lauoit nourrie en enfance
Elle luy apprint sa creance
Et la foy de chrestiente
Elle scauoit sa volonte.

saincte Marguerite.
Et la cognoissoit de ieunesse
Aussi tappelloit sa maistresse.
    Elle gardoit de sa nourrice
Les brebis ⁊ sans aucun vice
Les menoit de iour en pasture
Car du siecle elle nauoit cure
Elle estoit vestue pauurement.
Mais le corps auoit bel ⁊ gent
Les yeux vers, ⁊ clere la face
Comme celle qui de la grace
Nostre seigneur estoit emplie
Et de son amour remplie
Et laimoit si t. esardamment
Quelle nauoit autre pensement,
A le seruir mettoit sa cure.
    Un iour aduint par aduenture
Quelle alloit les brebis gardant
Olibrius par la passant
Seigneur du pais, si tarda,
Au visage la regarda
Outre passa, mais sans seiour
Tant fut esprins de son amour
Sans prendre garde au bestemēt
C ij

Mais au corps qui estoit tresgent
Que incontinent va enuoyer /
Uers la pucelle vn messager /
Pour mieulx scauoir qui elle estoit
Et si aymer elle le voudroit.
  Le messager y est alle /
A la pucelle a parle /
Et luy commence a dire /
Damoiselle mon maistre & sire /
Qui nagueres par icy passa /
Par deuers vous enuoye ma /
Scauoir comment auez a nom /
Et si vous laimerez ou non /
Qui vous estes, & de quels gens /
Et aussi qui sont vos parens /
Quelle est la loy que vous tenez /
Et le Dieu que vous adorez /
Quelle foy tenez & quelle creance.
  Sire dist elle des mon enfance /
Suis chrestienne baptisee /
Et a Jesus christ suis espousee /
Je ne quiers autre amy auoir /
Belle le vous fais a scauoir /

Que si vous aimez mon seigneur
Il vous en viendra grand hõneur
Grande cheuance ⁊ auctorité /
Croyez quil est bien herite /
Et possede de grande seigneurie
Donnez vous a luy ie vous prie
Il vous aime de tont son cœur /
Uous direz a vostre seigneur /
Que suis ancelle a Jesus=Christ /
Qui pour nous en croix mort sof=
  frit.
Et que autre ne veur aimer /
Adonc sen va la messager /
Uers son seigneur⁊ luy racõpte
Que de luy na tenu compte
La pucelle, mais luy a dict /
Quelle est espouse a Jesus christ /
Et quelle veut sa loy tenir.
   Lors le tyran fit la mandã venir
Deuant luy elle fut t amenee /
Prestement la arraisonnee /
Si luy a dit belle pucelle /
Di moy estu franche ou ancelle /

Quelle est ta loy ie veulx sçauoir
Et si te fais bien a sçauoir
Que si a moy ne veulx consentir,
Tu ten pourras bien repentir
Croy moy & tu feras que sage,
Si te prendray en mariage:
Lors lui respons côme bien auisee
Marguerite suis appellee
Ie croy en Dieu omnipotent
Qui tous les siens de mal defend
Et en Iesus christ son cher fils
Qui nous sauua de grandsperils
Ou nous estions par le peche
Que fit Adam le deuole.
    Le preuost dit tu nes pas sage
De mettre a celuy ton courage
Que les iuifs ainsi mal traicterent
Et apres le crucifierent.
    Elle respond ce fut folie:
Toute leur gent en fut perie
Quant le preuost veit quelle estoit
Ferme en son cas & resistoit
A peu quil ne se voulut pendre

Si a faict la pucelle prendre
Et mettre en prison bien fermee
Et quand ce vint lautre iournee
Deuant luy la fit amener
Si luy dist:bien ca, croy moy
Laisse ton dieu si prens ma loy,
Autrement ten repentiras
Car plusieurs tourmés souffriras
Et apres au feu seras arse
Et la poudre au vent esparce.
La vierge lui respód briefuement
Si mó corps tu mets en tourment
Mon ame sera bien heuree
Auec les vierges couronnee.
    Quand le Preuost si lentendit
Il cuida creuer de despit.
Lors commanda que toute nue
De fortes verges fust battue
Tellement deuant & derriere
Quil ne lui demeura peau entiere
Adonc les tirans nattendirent
En haut toute nue la pendirent
Sa blanche chair & deliee

Ont tant battue & destranchee/
Quil ne laisserőt cuir ne peau saie
Mais ainsi que dvne fontaine,
Sen va le sang aual courant,
Et tellement la vont battant,
Que ceux qui la entour estoient,
Plus regarder ne pouuoient,
Pour le sang qui delle issoit,
Et la grand doulcur qlle souffroit

    Olibrius le fier & despit,
Plus que nest Lion ne Aspic,
Lui escria, soeur Marguerite,
Escoute moy plus ne me irrite,
Croi en moi fai ma volonte,
Encoze peulx venir a sancte.

    Et ceux qui estoient la entour,
Lui disoient tous, croi le seigneur,
Croi le & tu feras que sage,
Cest vn moult riche mariage,
Que mon sire toffre & pzesente,
Ne te pers pas belle iouuente,
Par enfance ne par folie,
Sauue ton corps, sauue ta vie,

Ha dit elle folle gens /
Si me voyez cy en tourmens /
Cuides vous Dieu qui me garde /
Ne soit pas tousiours a mon aide
De grand folie mesprenez /
Vous qui tel conseil me donnez /
Que perde pour vostre seigneur /
La grace de mon createur /
Si mon corps est cy en tourment /
Mon ame en ira plus legerement
En paradis auec les saincts /
Portant ce martyr ne crains /
Laissez vostre folle creance /
Et aiez en Iesu fiance /
Qui donne ioye a ses amis /
Et les met en son Paradis /
Autrement si en luy ne croiez /
A tousiours mais damnez serez /
    Ainsi quelle remonstroit /
Au peuple qui present estoit /
Olibrius va pour penser /
De plus en plus la tourmenter /
Aux tirans dit quon la depende /

Et quen la chartre on la descende
Ou ni a nulle clarte,
Mais est plaine dobscurite,
Si la dependent & si la menent
Et de la tourmenter se peinent
Pour auoir gre de leur seigneur
De peine est entree en grigneur,
A lhuis de la chartre est venue
Toute sanglante & toute nue,
Mais auant que dedans senclïne,
Du signe de la croix se signe
En celle chartre on laualle:
Toute noircie el deuint palle.
Quand le lieu veit noir & obscur,
Moult lui fut au coeur fort & dur
Ne se peut tenir de plorer
Quand leant lui conuint entrer
Quand elle fut dedans enserre
Elle senclïna contre terre
A deux genoux deuotement
Dieu reclama moult doucement
En lui priant que par sa grace
Il luy monstrast en celle place.

saincte Marguerite

Celuy qui greuer la vouloit
De a luy elle se combatroit.
    Et quand elle eut fait sa priere
Subitement vne lumiere
Si entra dedans la prison
Lors aduisa vn fier dragon
En celle chartre ou elle estoit.
Qui par la gueule feu iettoit
par les yeux & par les oreilles
La teste auoit grosse a merueilles
De la pueur de son alaine
Estoit la chartre toute pleine.
    Quand le veit a elle venir
Elle ne sceut que deuenir
Mais elle print en dieu fiance
Si luy pria sans demourance
Vray Dieu qui formas paradis
Et denfer iettas tes amis,
Garde mon corps de cesse beste
Quelle ne me face aucun moleste.
Quand eut son oraison finie
Le fier dragon la transgloutie,
Mais est ce faisant se signa

Et le dragon parmi creua /
Si que la vierge preuenue /
Par la grace de Dieu est issue /
Hors du dragon entiere & saine /
De lamour de Dieu plus certaine
Quelle nauoit este parauant /
Parquoy elle va Dieu louant.

A tant vint a elle vn diable /
Moult laid / & espouuantable /
En forme dhomme sembloit estre
Mais quãd elle le veit en cest estre
En oraison se prosterna /
Et deuotement Dieu pria.

Et quand elle fut releuee /
Par la main il la empoignee /
Et luy a dict quelle cessast /
Et que point ne le tourmentast /
Et que suffire bien luy deuoit /
De ce qua son frere faict auoit /
Lors par les cheueulx le happe /
Et contre terre le iette & frappe /
Le pied sur le col mis luy a /
Puis en le battant luy cria.

saincte Marguerite

Estens toy soubs moy ennemy /
Ha ha dist il, ie te crie mercy /
Pucelle, ie me tiens vaincu /
   Or me dis doncque qui es tu /
Et qui ta fait icy venir /
Dame puis que cest ton plaisir /
Tout maintenant sera dict /
Mais leue ton pied vn petit /
De dessus moy q̃ trop me griefue /
Puis en parolle assez briefue /
Toute ma vie te diray /
Et ia de mot ne mentiray /
   Adonc la vn petit lasche /
Et lors il luy a declare /
Que Belsebuth nõm auoit /
Et que illec venu estoit /
Pour la greuer ⁊ dommager /
Et pour venger son compagnon /
Qui en semblance de dragon /
Lengloutit, mais le faux glouton
Qui sestoit deuant elle monstre /
Tout par le ventre estoit creue /
Ie me delecte en tout temps /

A guerroyer les Chrestiens
Ie les fais leur foy dementir
Et quand ils se doiuent endormir
De leurs lits ie les fay leuer
Pour aller leurs voisins rober
Ou pour autres pechez cõmettre
Enquoy ie les sens enclins estre
Et quand ien puis aucun tenir.
Dedans enfer les fay boullir.
Loyaument m'a seruy ton pere
Pareillement a faitt ta mere
Aussi a fait tout ton lignage
Mais ne puis vaincre ton courage
Mieux a faict que ta parente
Car tu as prins chrestiente
Parquoy ie ne pouuoir sur toy
Mais nonobstãt quand est a moy
Ie tay tousiours este contraire
Et des tourmens ie tai faict faire
Prendre te fis, lier & pendre
Encore pis peur tu attendre.
Si ne fais bien tost le vouloir.
Dollbrius qui a le pouuoir

saincte Marguerite.
De te deliurer de martyre.
  Quand la vierge leust ouy dire
Toute sa harangue & compte
Elle nen fit mise ne compte
Mais pria nostre seigneur Dieu
Que mettre le feist en tel lieu.
Que iamais a nul ne meffit.
Lors nostre seigneur Iesuschrist
Si fit tantost ouurir la terre.
Auquel lieu sen fuit grande erre.
  Quand il eut la vierge laisse,
Tantost le tyran a pense
De faire le peuple assembler,
Si a faict la vierge amener,
Deuant luy rigoureusement
Et luy a dit publiquement
Pense en ton cas, entens a moy
Laisse ton dieu & prens ma loy
Autrement te feray mourir
Et en tourmens tes iours finir
  Elle respond que pour menace
Ne pour tourment quon luy face
Son createur ne laissera.

Mais tousiours en la loy croira /
Adonc quand si ferme la veue /
La feit depouller toute nue /
Et brandons ardans apporter /
Dont les costez luy feit brusler /
Puis luy a dit quelle le creust /
Laissant Iesus, ⁊ mahon creust,
Elle respond que non feroit /
Pour tout lor qui au monde estoit
Lors se prend a forcener /
Un vaissel a fait apporter /
Deau bouillante la fait emplir /
Pour dedans la faire mourir /
Mais luy a fait premierement /
Lier pieds ⁊ mains fermement /
Quand dedans a este plongee /
De prier Dieu sest efforcee /
Pere puissant confort des chrestiés
Par ta vertu romps ces liens /
Que dicy puisse biue yssir /
Et ton souuerain non benir /
Quand eut finie son oraison /
La terre trembla enuiron /

Le

Le ciel souurit soudainement.
Duquel vn ange clairement
Une couronne a apoztee
Qui luy a sur le chef posee,
Puis luy a dict, bien ten amie
Tu auras perdurable vie.
Ne tef bahis seur marguerite
Car tu es de Dieu eslite
Ayez en luy ta fiance
La couroune est signifiance
Que tai ici appoztee
Dont Dieu ta si bien couronnee
Qu auec nos viedzas par martyre
Ce te mande Dieu noftre sire.

Et quand lange luy eut tout dit
Incontinent lefuan ouit:
Adonc se rompirent les liens
Et sortit hozs de leans
Sans aucun mal ou lesion
Donc ceux qui estoient enuiron
Furent conuertis par raison:
Le nom de Jesu christ louerent
Et lui creurent, leurfoi laissent

D

Et y en eut plus de quatre mille
Que le preuost fit tous occire
A grand douleur & grief tourmēt:
Puis commanda que briefuement
Marguerit fut amenee:
Et que tantost fut decolee
Pour ce quelle conuertissoit
Tout le peuple & ladmonestoit
A croire a la loy de Jesus Christ,
Et lors vn tyran si la prit
Qui sans plus pleurer ne tancer
Luy voulut la teste trancher
Mais la vierge si luy requist
Que vn peu attendre il voulsist
Quelle eut faicte son oraison
Et voyant que cestoit raison.
Il luy respond de son bon gre
Quelle feist a sa volonte.
Et donc elle sest agenouillee
Son oraison a commencee
O Jesuchrist mon Redempteur
Chacun te doit porter honneur
Te louer, craindre & seruir.

saincte Marguerite
Car pour nous as voulu souffrir.
Mort & passion tresamere
A la presence de ta mere
pour noz iniquitez deffaire
Et au tiers iour resusciter
Et puis apres au ciel monter
Pour nous ouurir ton paradis
Duquel estions tous interdits
Par le peche de nos parens

    Humblement graces ie te rends
Des biens que mas faictz en ma (vie
En outre plus ie te supplie
Que mon ame vueilles mettre
En ton royaume & en ton estre
Et que la vueillez preseruer
Des lacz de lennemy denfer
Et par les martyres & tourmens
Et la mort quendurer tattens
Tu pardonnes a ces gens cy
Et que en faces mercy
Car il ne scauent pas quils font
Pareillement ceux qui feront
Memoire de ma passion.

Et qui par grand deuotion
Me requerront en leur necessite
Tu les gardes daduersite,
En apres ie prie ⁊ requier
Que ne vueilles pas oublier
Les femmes quand me requerrõt
Et en peine denfant seront,
Quand seront ina passion lire,
Mon grief tourmet ⁊ mõ martyre
Queleur mal face tost finir,
Et leur fruict baptesme gaigner.
    Quand la pucelle bien-heuree
Si eutson oraison finee,
Une voix du ciel descendit,
Qui luy a respondu ⁊ dict
Dieu a ouy ton oraison
Si fera ta petition:
Et plus encore ta octroye
Que tu ne luy as demande
Car qui de coeur tapellera
Deses pechez pardon aura:
Et tous ceux qui te requerront
Et ton sainct nom appelleront

De leurs ennemis auront victoire.
Et en la fin de paradis la gloire.
Or va, recoy ton martyre
Se te mande Dieu nostre sire:
Car les anges si sont transmis
A la porte de Paradis
Qui guettent ton sainct esprit
Adonc au tyran si a dict
Quil estoit delle en son plaisir
Et quil en auoit bon loisir.
Le chef batesse, le col estend
Et celuy fier plus ny attend,
A ung seul coup la descollee
Et lame tout droit est vollee
En paradis dont est concierge
Pa saincte est bien heuree vierge.
Or est finie Marguerite
Dont la vie est icy escripte,
Les anges lemporterent chantans
Et nostre Seigneur Dieu louans.
Theodorus fut ung preudhomme
Qui luy seuroit en la prison
Pain et eaue dont elle viuoit

Et de iour en iour escriuoit.
Pour lhôneur de dieu, sans mêtir
Ce qui luy voyoit aduenir,
Et puis apres secretement
Le corps mist tres honnestement
Luy & plusieurs bons chrestiens
En terre garnie doignemens
Puis sa passion enuoya
Par plusieurs fois deca & dela
Aux eglises & deuots lieux
Et lors veissiez ieunes & vieux
Illec venir pour garison auoir
De leur griefz maux & sancte rece
Lesqlz pour vray si se alloiet(uoir
To sais quãd ilz sen retournoiêt.

Or prions dieu qui par sa grace
De noz pechez pardô nous face: Am

¶ De sancta Margareta Aña.
Virgo gloriosa christi Margareta, virginum gemma pre-
ciosissima, virtute supernorum
clara, audi preces nostras coram
te fusas: fac nos iungi eternali
chorã, precibꝰ ergo tuis adesto ca-

saincte Marguerite.

lamitatibus nostris, quib? vndiqz
premimur. v. Oza pro nobis bea
 margareta. R. Vt dig. Orem9
Eus qui beatā Margaretaz
virginez tuā ad celos p mar
tyzii palmā puenire fecisti, cōcede
nobis qs:vt eius exēpla sectantes
ad te puenire mereamur. Per xpz.
Ozaison de saincte Marguerite a
dire pour les femmes grosses.

Adame saincte Marguerite
Digne vierge de Dieu eslite
Qui le seruis des ta ieunesse,
Pleine de grace & de sagesse
Qui pour lamour de dieu nře sire
Souffris tourmēs & grief martyre
Qui le dragon parmis fendis
Et du tyran te deffendis
Qui vainquis lennemy denfer
En prison fermee de fer:
Qui a dieu feis mainte requeste
Quād on te voulut couper latesce
Et par special que femme grosse

Ton enfant, qui à toy, dame
De cœur deuot retourneras
Et ton ayde requerroit,
Que Dieu de peril la gardast
Et de layder point ne tardast
Si te supplie vierge honoree
Noble martyr & bien heuree
Par ta piteuse passion
Et ta benoiste petition
Que dieu vueilles pour moy prier
Et doulcement luy supplier
Quayet pitie dme conforte
Es douleurs quil faut que ie porte
Et sans peril dame & de corps
Faictemon enfant issir dehors
Sain & sauf: & que ie le voye
Baptiser a bien & a ioye:
Et si de viure il a espasse
Il luy doint son amour & grace
Parquoy si saincternent te serue,
Que la gloire des cieux deserue
Et en autre cas semblable
Pour toi il lui soit fauorable. Amē.

FINIS.

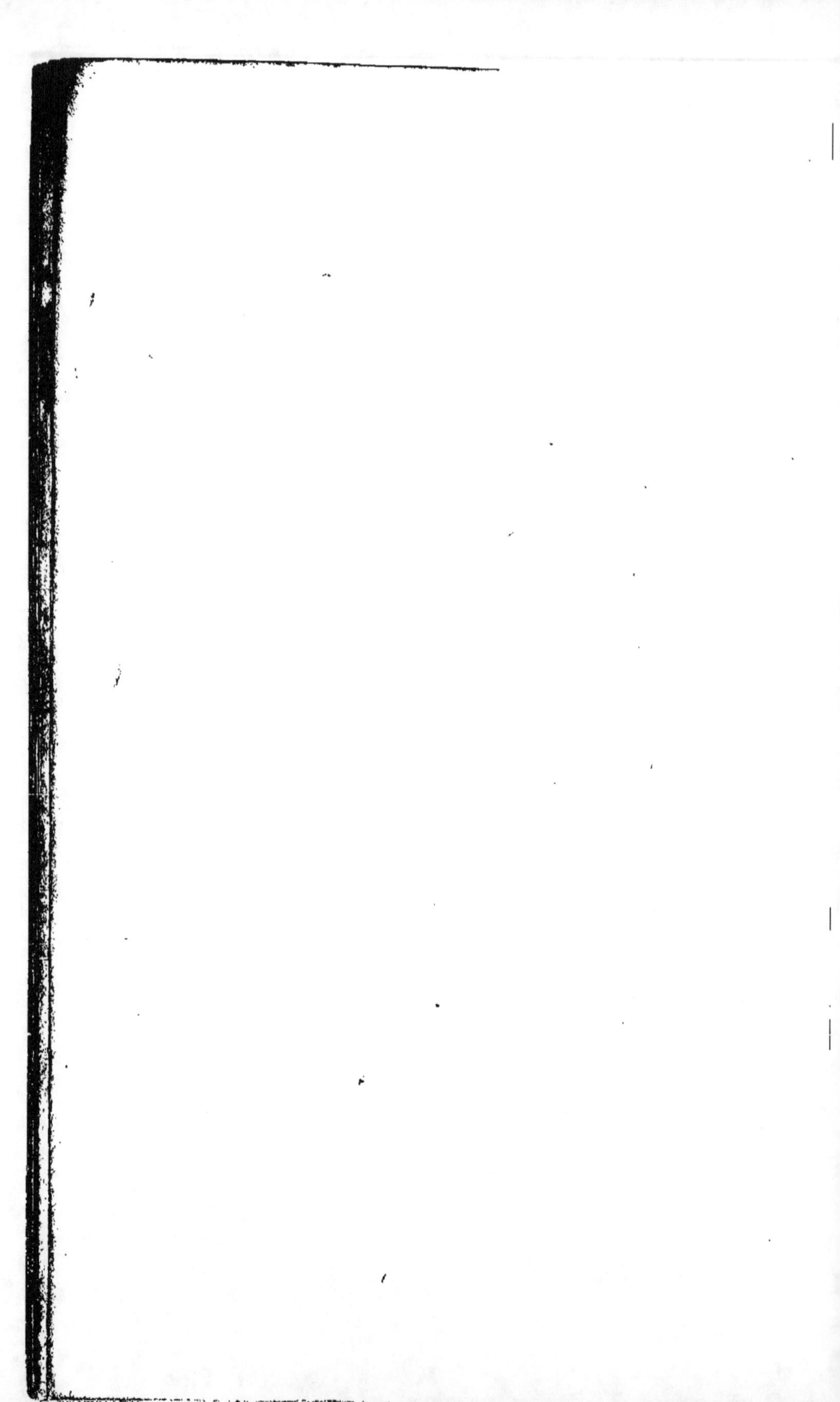

www.ingramcontent.com/pod-product-compliance
Lightning Source LLC
Chambersburg PA
CBHW061248050726
47594CB00004B/1414